मंगलेश डबराल

मंगलेश डबराल का जन्म 16 मई, 1948 को उत्तराखंड के टिहरी ज़िले के गाँव काफलपानी में हुआ।

'प्रतिपक्ष', 'आसपास', 'पूर्वग्रह', 'जनसत्ता' और 'सहारा समय' आदि पत्र-पत्रिकाओं में लम्बे समय तक काम करने के बाद वे तीन वर्ष तक नेशनल बुक ट्रस्ट के सलाहकार रहे। उनके छह कविता-संग्रह 'पहाड़ पर लालटेन', 'घर का रास्ता', 'हम जो देखते हैं', 'आवाज़ भी एक जगह है', 'नये युग में शत्रु', 'स्मृति एक दूसरा समय है'; तीन गद्य-संग्रह 'एक बार आयोवा', 'लेखक की रोटी', 'कवि का अकेलापन' और साक्षात्कारों का एक संकलन प्रकाशित हैं। उन्होंने बेर्टोल्ट ब्रेष्ट, हांस माग्नुस ऐंत्सेंसबर्गर (जर्मन), पाब्लो नेरुदा (स्पानी), डोरा गाबे (बल्गारी) आदि की कविताओं का अंग्रेज़ी से अनुवाद किया। वे जर्मन उपन्यासकार हरमन हेस के उपन्यास 'सिद्धार्थ', अरुंधति रॉय के उपन्यास 'अपार ख़ुशी का घराना' के अनुवादक और बांग्ला कवि नवारुण भट्टाचार्य के संग्रह 'यह मृत्यु उपत्यका नहीं है मेरा देश' के सह-अनुवादक रहे। उन्होंने नागार्जुन, निर्मल वर्मा, महाश्वेता देवी, यू.आर. अनन्तमूर्ति, गुरदयाल सिंह, क़ुर्रतुल-ऐन हैदर जैसे साहित्यकारों पर वृत्तचित्रों के लिए पटकथा-लेखन भी किया।

प्राय: सभी भारतीय भाषाओं के अलावा अंग्रेज़ी, रूसी, जर्मन, डच, फ्रांसीसी, स्पानी, इतालवी, जापानी आदि भाषाओं के कई संकलनों और पत्र-पत्रिकाओं में उनकी कविताओं के अनुवाद प्रकाशित हैं। कुछ अंग्रेज़ी अनुवाद डेनियल वाइसबोर्ट और अरविन्द कृष्ण मेहरोत्रा द्वारा सम्पादित 'पेरिप्लस', वाइसबोर्ट और गिरधर राठी द्वारा सम्पादित 'पोयट्री ऑफ़ सर्वाइवल', के. सच्चिदानन्दन द्वारा सम्पादित 'जेस्चर्स', एक सौ भारतीय कवियों के संकलन 'सिग्नेचर्स' और यूनिस डिसूज़ा द्वारा सम्पादित 'दीज़ माई वर्ड्स' आदि में संकलित हैं। मरिओला ओफ्रेदी द्वारा उनके कविता-संग्रह 'आवाज़ भी एक जगह है' का इतालवी अनुवाद 'अंके ला वोचे ऐ उन लुओगो' और अंग्रेज़ी अनुवादों का एक चयन 'दिस नम्बर डज़ नॉट एक्ज़िस्ट' नाम से प्रकाशित हो चुका है।

उन्हें 'साहित्य अकादेमी पुरस्कार', 'ओमप्रकाश स्मृति सम्मान', 'शमशेर सम्मान', 'पहल सम्मान', हिन्दी अकादमी, दिल्ली के 'साहित्यकार सम्मान', 'कुमार विकल स्मृति सम्मान', 'गजानन माधव मुक्तिबोध राष्ट्रीय साहित्य सम्मान', 'परिवार पुरस्कार' आदि से सम्मानित किया गया। आजीविका के लिए वे ताउम्र पत्रकारिता से सम्बद्ध रहे।

9 दिसम्बर, 2020 को निधन।

हम जो देखते हैं

मंगलेश डबराल

राधाकृष्ण पेपरबैक्स

पहला पुस्तकालय संस्करण
राधाकृष्ण प्रकाशन प्राइवेट लिमिटेड द्वारा
1995 में प्रकाशित

राधाकृष्ण पेपरबैक्स में
पहला संस्करण : 2024

राधाकृष्ण पेपरबैक्स : उत्कृष्ट साहित्य के जनसुलभ संस्करण

राधाकृष्ण प्रकाशन प्राइवेट लिमिटेड
जी-17, जगतपुरी, दिल्ली-110 051
द्वारा प्रकाशित

शाखाएँ : अशोक राजपथ, साइंस कॉलेज के सामने, पटना-800 006
पहली मंजिल, दरबारी बिल्डिंग, महात्मा गांधी मार्ग, प्रयागराज-211 001
1, अनमोल सोराबजी संतुक लेन, धोबी तलाव, मरीन लाइंस, मुम्बई-400 002

वेबसाइट : www.radhakrishnaprakashan.com
ई-मेल : info@radhakrishnaprakashan.com

बी.के. ऑफसेट
नवीन शाहदरा, दिल्ली-110 032
द्वारा मुद्रित

मूल्य : ₹199

HUM JO DEKHATE HAIN
Poems by Mangalesh Dabral

ISBN : 978-81-19989-44-7

संयुक्ता के लिए

क्रम

घर शांत है

धूप दीवारों को धीरे-धीरे गर्म कर रही है
आसपास एक धीमी आँच है
बिस्तर पर एक गेंद पड़ी है
किताबें चुपचाप हैं
हालाँकि उनमें कई तरह की विपदाएँ बंद हैं

मैं अधजगा हूँ और अधसोया हूँ
अधसोया हूँ और अधजगा हूँ
बाहर से आती आवाज़ों में
किसी के रोने की आवाज़ नहीं है
किसी के धमकाने या डरने की आवाज़ नहीं है
न कोई प्रार्थना कर रहा है
न कोई भीख माँग रहा है

और मेरे भीतर ज़रा भी मैल नहीं है
बल्कि एक ख़ाली जगह है
जहाँ कोई रह सकता है
और मैं लाचार नहीं हूँ इस समय

बल्कि भरा हुआ हूँ एक ज़रूरी वेदना से
और मुझे याद आ रहा है बचपन का घर
जिसके आँगन में औंधा पड़ा मैं
पीठ पर धूप सेंकता था

मैं दुनिया से कुछ नहीं माँग रहा हूँ
मैं जी सकता हूँ गिलहरी गेंद
या घास जैसा कोई जीवन
मुझे चिंता नहीं
कब कोई झटका हिलाकर ढहा देगा
इस शांत घर को.

1990

कुछ देर के लिए

कुछ देर के लिए मैं कवि था
फटी-पुरानी कविताओं की मरम्मत करता हुआ
सोचता हुआ कविता की ज़रूरत किसे है
कुछ देर पिता था
अपने बच्चों के लिए
ज्यादा सरल शब्दों की खोज करता हुआ
कभी अपने पिता की नक़ल था
कभी सिर्फ़ अपने पुरखों की परछाईं
कुछ देर नौकर था सतर्क सहमा हुआ
बची रहे रोज़ी-रोटी कहता हुआ

कुछ देर मैंने अन्याय का विरोध किया
फिर उसे सहने की ताक़त जुटाता रहा
मैंने सोचा मैं इन शब्दों को नहीं लिखूँगा
जिनमें मेरी आत्मा नहीं है जो आततायियों के हैं
और जिनसे ख़ून जैसा टपकता है
कुछ देर मैं एक छोटे-से गड्ढे में गिरा रहा
यही मेरा मानवीय पतन था

मैंने देखा मैं बचा हुआ हूँ और साँस
ले रहा हूँ और मैं क्रूरता नहीं करता
बल्कि जो निर्भय होकर क्रूरता किये जाते हैं
उनके विरुद्ध मेरी घृणा बची हुई है यह काफ़ी है

बचे-खुचे समय के बारे में मेरा ख़याल था
मनुष्य को छह या सात घंटे सोना चाहिए
सुबह मैं जागा तो यह
एक जानी-पहचानी भयानक दुनिया में
फिर से जन्म लेना था
यह सोचा मैंने कुछ देर तक.

1992

अभिनय

एक गहन आत्मविश्वास से भरकर
सुबह निकल पड़ता हूँ घर से
ताकि सारा दिन आश्वस्त रह सकूँ
एक आदमी से मिलते हुए मुस्कराता हूँ
वह एकाएक देख लेता है मेरी उदासी
एक से तपाक से हाथ मिलाता हूँ
वह जान जाता है मैं भीतर से हूँ अशांत
एक दोस्त के सामने ख़ामोश बैठ जाता हूँ
वह कहता है तुम दुबले बीमार क्यों दिखते हो
जिन्होंने मुझे कभी घर में नहीं देखा
वे कहते हैं अरे आप टीवी पर दिखे थे एक दिन

बाज़ारों में घूमता हूँ निश्शब्द
डिब्बों में बंद हो रहा है पूरा देश
पूरा जीवन बिक्री के लिए
एक नयी रंगीन किताब है जो मेरी कविता के
विरोध में आयी है
जिसमें छपे सुंदर चेहरों को कोई कष्ट नहीं

जगह-जगह नृत्य की मुद्राएँ हैं विचार के बदले
जनाब एक पूरी फ़िल्म है लंबी
आप ख़रीद लें और भरपूर आनंद उठायें

शेष जो कुछ है अभिनय है
चारों ओर आवाज़ें आ रही हैं
मेकअप बदलने का भी समय नहीं है
हत्यारा एक मासूम के कपड़े पहनकर चला आया है
वह जिसे अपने पर गर्व था
एक खुशामदी की आवाज़ में गिड़गिड़ा रहा है
ट्रेजडी है संक्षिप्त लंबा प्रहसन
हरेक चाहता है किस तरह झपट लूँ
सर्वश्रेष्ठ अभिनेता का पुरस्कार.

1990

गुमशुदा

शहर के पेशाबघरों और अन्य लोकप्रिय जगहों में
उन गुमशुदा लोगों की तलाश के पोस्टर
अब भी चिपके दिखते हैं
जो कई बरस पहले दस-बारह साल की उम्र में
बिना बताये घरों से निकले थे
पोस्टरों के अनुसार उनका क़द मँझोला है
रंग गोरा नहीं गेहुँआ या साँवला है
हवाई चप्पल पहने हैं
चेहरे पर किसी चोट का निशान है
और उनकी माँएँ उनके बग़ैर रोती रहती हैं
पोस्टरों के अंत में यह आश्वासन भी रहता है
कि लापता की ख़बर देनेवाले को मिलेगा
यथासंभव उचित ईनाम

तब भी वे किसी की पहचान में नहीं आते
पोस्टरों में छपी धुँधली तस्वीरों से
उनका हुलिया नहीं मिलता
उनकी शुरुआती उदासी पर

अब तकलीफ़ें झेलने की ताब है
शहर के मौसम के हिसाब से बदलते गये हैं उनके चेहरे
कम खाते कम सोते कम बोलते
लगातार अपने पते बदलते
सरल और कठिन दिनों को एक जैसा बिताते
अब वे एक दूसरी ही दुनिया में हैं
कुछ कुतूहल के साथ
अपनी गुमशुदगी के पोस्टर देखते हुए
जिन्हें उनके परेशान माता-पिता जब-तब छपवाते रहते हैं
जिनमें अब भी दस या बारह
लिखी होती है उनकी उम्र.

1993

दिल्ली में एक दिन

उस छोटे से शहर में एक सुबह
या शाम या किसी छुट्टी के दिन
मैंने देखा पेड़ों की जड़ें
मज़बूती से धरती को पकड़े हुए हैं
हवा थी जिसके चलने में अब भी एक रहस्य बचा था
सुनसान सड़क पर
अचानक कोई प्रकट हो सकता था
आ सकती थी किसी दोस्त की आवाज़

कुछ ही देर बाद
इस छोटे से शहर में आया
शोर कालिख पसीने और लालच का बड़ा शहर.

1994

बार-बार कहता था

ज़ोरों से नहीं बल्कि
बार-बार कहता था मैं अपनी बात
उसकी पूरी दुर्बलता के साथ
किसी उम्मीद में बतलाता था निराशाएँ
विश्वास व्यक्त करता था बग़ैर आत्मविश्वास
लिखता और काटता जाता था यह वाक्य
कि चीज़ें अपने सबसे बुरे दौर से गुज़र रही हैं
बिखरे काग़ज़ संभालता था
धूल पोंछता था
उलटता-पलटता था कुछ क्रियाओं को
मसलन ऐसा हुआ होता रहा
होना चाहिए था हो सकता था
होता तो क्या होता.

1994

कमरा

इस कमरे में सपने आते हैं
आदमी पहुँच जाता है
दस या बारह साल की उमर में

यहाँ फ़र्श पर बारिश गिरती है
सोये हुओं पर बादल मँडराते हैं

रोज़ एक पहाड़ धीरे-धीरे
इस पर टूटता है
एक जंगल यहाँ अपने पत्ते गिराता है
एक नदी यहाँ का कुछ सामान
अपने साथ बहाकर ले जाती है

यहाँ देवता और मनुष्य दिखते हैं
नंगे पैर
फटे कपड़ों में घूमते
साथ-साथ घर छोड़ने की सोचते.

1989

बाहर

मैंने दरवाज़े बंद किये
और कविता लिखने बैठा
बाहर हवा चल रही थी
हल्की रोशनी थी
बारिश में एक साइकिल खड़ी थी
एक बच्चा घर लौट रहा था

मैंने कविता लिखी
जिसमें हवा नहीं थी रोशनी नहीं थी
साइकिल नहीं थी बच्चा नहीं था
दरवाज़े नहीं थे.

1990

बारिश

खिड़की से अचानक बारिश आयी
एक तेज़ बौछार ने मुझे बीच नींद से जगाया
दरवाज़े खटखटाये ख़ाली बर्तनों को बजाया
उसके फ़ुर्तीले क़दम पूरे घर में फैल गये
वह काँपते हुए घर की नींव में धँसना चाहती थी
पुरानी तस्वीरों टूटे हुए छातों और बक्सों के भीतर
पहुँचना चाहती थी तहाये हुए कपड़ों को
बिखराना चाहती थी वह मेरे बचपन में बरसना
चाहती थी मुझे तरबतर करना चाहती थी
स्कूल जानेवाले रास्ते पर

बारिश में एक-एक कर चेहरे भीगते थे
जो हमउम्र थे पता नहीं कहाँ तितरबितर हो गये थे
उनके नाम किसी और बारिश में पुँछ गये थे
भीगती हुई एक स्त्री आयी जिसका चेहरा
बारिश की तरह था जिसके केशों में बारिश
छिपी होती थी जो फिर एक नदी बनकर
चली जाती थी इसी बारिश में एक दिन

मैं दूर तक भीगता हुआ गया इसी में कहीं लापता
हुआ भूल गया जो कुछ याद रखना था
इसी बारिश में कहीं रास्ता नहीं दिखाई दिया
इसी में बूढ़ा हुआ जीवन समाप्त होता हुआ दिखा

एक रात मैं घर लौटा जब बारिश थी पिता
इंतज़ार करते थे माँ व्याकुल थी बहनें दूर से एक साथ
दौड़ी चली आयी थीं बारिश में हम सिमटकर
पास-पास बैठ गये हमने पुरानी तस्वीरें देखीं
जिन पर कालिख लगी थी शीशे टूटे थे बारिश
बार-बार उन चेहरों को बहाकर ले जाती थी
बारिश में हमारी जर्जरता अलग तरह की थी
पिता की बीमारी और माँ की झुर्रियाँ भी अनोखी थीं
हमने पुराने कमरों में झाँककर देखा दीवारें
साफ़ कीं जहाँ छत टपकती थी उसके नीचे बर्तन
रखे हमने धीमे-धीमे बात की बारिश
हमारे हँसने और रोने को दबा देती थी
इतने घने बादलों के नीचे हम बार-बार
प्रसन्नता के किसी किनारे तक जाकर लौट आते थे
बारिश की बूँदें आकर लालटेन का काँच
चिटकाती थीं माँ बीच-बीच में उठकर देखती थी
कहीं हम भीग तो नहीं रहे बारिश में.

1991

दादा की तस्वीर

दादा को तस्वीरें खिंचवाने का शौक नहीं था
या उन्हें समय नहीं मिला
उनकी सिर्फ़ एक तस्वीर गंदी पुरानी दीवार पर टँगी है
वे शांत और गंभीर बैठे हैं
पानी से भरे हुए बादल की तरह

दादा के बारे में इतना ही मालूम है
कि वे माँगनेवालों को भीख देते थे
नींद में बेचैनी से करवट बदलते थे
और सुबह उठकर
बिस्तर की सलवटें ठीक करते थे
मैं तब बहुत छोटा था
मैंने कभी उनका गुस्सा नहीं देखा
उनका मामूलीपन नहीं देखा
तस्वीरें किसी मनुष्य की लाचारी नहीं बतलातीं
माँ कहती है जब हम
रात के विचित्र पशुओं से घिरे सो रहे होते हैं
दादा इस तस्वीर में जागते रहते हैं

मैं अपने दादा जितना लंबा नहीं हुआ
शांत और गंभीर नहीं हुआ
पर मुझमें कुछ है उनसे मिलता-जुलता
वैसा ही क्रोध वैसा ही मामूलीपन
मैं भी सर झुकाकर चलता हूँ
जीता हूँ अपने को एक तस्वीर के ख़ाली फ़्रेम में
बैठे देखता हुआ.

1990

पिता की तस्वीर

पिता की छोटी-छोटी बहुत-सी तस्वीरें
पूरे घर में बिखरी हैं
उनकी आँखों में कोई पारदर्शी चीज़
साफ़ चमकती है
वह अच्छाई है या साहस
तस्वीर में पिता खाँसते नहीं
व्याकुल नहीं होते
उनके हाथ-पैर में दर्द नहीं होता
वे झुकते नहीं समझौते नहीं करते

एक दिन पिता अपनी तस्वीर की बग़ल में
खड़े हो जाते हैं और समझाने लगते हैं
जैसे अध्यापक बच्चों को
एक नक़्शे के बारे में बताता है
पिता कहते हैं मैं अपनी तस्वीर जैसा नहीं रहा
लेकिन मैंने जो नये कमरे जोड़े हैं
इस पुराने मकान में उन्हें तुम ले लो
मेरी अच्छाई ले लो उन बुराइयों से जूझने के लिए

जो तुम्हें रास्ते में मिलेंगी
मेरी नींद मत लो मेरे सपने लो

मैं हूँ कि चिंता करता हूँ व्याकुल होता हूँ
झुकता हूँ समझौते करता हूँ
हाथ-पैर में दर्द से कराहता हूँ
पिता की तरह खाँसता हूँ
देर तक पिता की तस्वीर देखता हूँ.

1991

माँ की तस्वीर

घर में माँ की कोई तस्वीर नहीं
जब भी तस्वीर खिंचवाने का मौक़ा आता है
माँ घर में खोयी हुई किसी चीज़ को ढूँढ़ रही होती है
या लकड़ी घास और पानी लेने गयी होती है
जंगल में उसे एक बार बाघ भी मिला
पर वह डरी नहीं
उसने बाघ को भगाया घास काटी घर आकर
आग जलायी और सबके लिए खाना पकाया

मैं कभी घास या लकड़ी लाने जंगल नहीं गया
कभी आग नहीं जलायी
मैं अक्सर एक ज़माने से चली आ रही
पुरानी नक़्क़ाशीदार कुर्सी पर बैठा रहा
जिस पर बैठकर तस्वीरें खिंचवाई जाती हैं
माँ के चेहरे पर मुझे दिखाई देती है
एक जंगल की तस्वीर लकड़ी घास और
पानी की तस्वीर खोयी हुई एक चीज़ की तस्वीर.

1990-91

अपनी तस्वीर

यह एक तस्वीर है
जिसमें थोड़ा-सा साहस झलकता है
और ग़रीबी ढँकी हुई दिखाई देती है
उजाले में खिंची इस तस्वीर के पीछे
इसका अँधेरा छिपा हुआ है

इस चेहरे की शांति
बेचैनी का एक मुखौटा है
करुणा और क्रूरता परस्पर घुलेमिले हैं
थोड़ा-सा गर्व गहरी शर्म में डूबा है
लड़ने की उम्र जबकि बिना लड़े बीत रही है
इसमें किसी युद्ध से लौटने की यातना है
और ये वे आँखें हैं
जो बताती हैं कि प्रेम जिस पर सारी चीज़ें टिकी हैं
कितना कम होता जा रहा है

आत्ममुग्धता और मसखरी के बीच
कई तस्वीरों की एक तस्वीर

जिसे मैं बार-बार खिंचवाता हूँ
एक बेहतर तस्वीर खिंचने की
निरर्थक-सी उम्मीद में.

1990-93

बच्चों के लिए चिट्ठी

प्यारे बच्चो हम तुम्हारे काम नहीं आ सके. तुम चाहते थे हमारा क़ीमती समय तुम्हारे खेलों में व्यतीत हो. तुम चाहते थे हम तुम्हें अपने खेलों में शरीक करें. तुम चाहते थे हम तुम्हारी तरह मासूम हो जायें.

प्यारे बच्चो हमने ही तुम्हें बताया था जीवन एक युद्धस्थल है जहाँ लड़ते ही रहना होता है. हम ही थे जिन्होंने हथियार पैने किये. हमने ही छेड़ा युद्ध हम ही थे जो क्रोध और घृणा से बौखलाये थे. प्यारे बच्चो हमने तुमसे झूठ कहा था.

यह एक लंबी रात है. एक सुरंग की तरह. यहाँ से हम देख सकते हैं बाहर का एक अस्पष्ट दृश्य. हम देखते हैं मारकाट और विलाप. बच्चो हमने ही तुम्हें वहाँ भेजा था. हमें माफ़ कर दो. हमने झूठ कहा था कि जीवन एक युद्धस्थल है.

प्यारे बच्चो जीवन एक उत्सव है जिसमें तुम हँसी की तरह फैले हो. जीवन एक हरा पेड़ है जिस पर तुम चिड़ियों की तरह फड़फड़ाते हो.

जैसा कि कुछ कवियों ने कहा है जीवन एक उछलती गेंद है और
तुम उसके चारों और एकत्र चंचल पैरों की तरह हो.

प्यारे बच्चो अगर ऐसा नहीं है तो होना चाहिए.

1988

काग़ज़ की कविता

वे काग़ज़ जो हमारे जीवन में कभी अनिवार्य थे एक दिन रद्दी बनकर चारों ओर जमा हो जाते हैं. जब हम सोने जाते हैं तब भी वे हमें दिखाई देते हैं. वे हमारे स्वप्नों को रोक लेते हैं. सुबह जब हम अनिद्रा की शिकायत करते हैं तो इसकी मुख्य वजह यही है कि हम उन काग़ज़ों से घिरे सो रहे थे. चाहते हुए भी हम उन्हें बेच नहीं पाते क्योंकि उनमें हमारे सामान्य व्यवहार दबे होते हैं जिन्हें हम अपने से बताते हुए भी कतराते हैं. लिहाजा हम फाड़ने बैठ जाते हैं तमाम फ़ालतू काग़ज़ों को.

इस तरह फाड़ दी जाती हैं पुरानी चिट्ठियाँ जो हमारे बुरे वक़्त में प्रियजनों ने हमें लिखी थीं. हमारे असफल प्रेम के दस्तावेज़ चिंदी-चिंदी हो जाते हैं. कुछ प्रमुख कवियों की कविताएँ भी फट जाती हैं. नष्ट हो चुकते हैं वे शब्द जिनके बारे में हमने सोचा था कि इनसे मनुष्यता की भूख मिटेगी. अब इन काग़ज़ों से किसी बच्चे की नाव भी नहीं बन सकती और न थोडी दूर उड़कर वापस लौट आने वाला जहाज़.

अब हम लगभग निश्शब्द हैं. हम नहीं जानते कि क्या करें. हमारे पास कोई रास्ता नहीं बचा काग़ज़ों को फाड़ते रहने के सिवा.

1988

नींद की कविता

नींद की अहमियत इस बात से ज़ाहिर है कि उसके बिना हम अपने को जागा हुआ नहीं कह सकते. नींद का वर्णन करने के लिए पहाड़ समुद्र जंगल और रेगिस्तान जैसी चीज़ों का इस्तेमाल किया जाता है पर तब भी नींद के रहस्य नहीं खुलते. आसानी के लिए हम कह सकते हैं कि जहां कहीं छायाएं दिखती हैं वे नींद की छायाएं हैं. हमारी अपनी छाया हमारी नींद के अलावा कुछ नहीं है.

भूख से परेशान लोग अक्सर नींद से काम चलाते हैं. कोई अपने घोड़े दौड़ाता हुआ उनके पास से गुज़र जाता है तब भी वे नहीं उठते. दूसरी ओर कुछ लोग अनिद्रा की शिकायत करते नज़र आते हैं. नींद की गोलियां उनके पेट में खिलखिलाती हैं. वे हमेशा दूसरों की नींद तोड़ने की कोशिश में लगे रहते हैं. वह कहानी सभी को मालूम होगी कि किस तरह एक सम्राट ने एक भूखे आदमी की नींद ख़राब करने के लिए उसे अपने मख़मल के बिस्तर पर सुला दिया था.

आधी रात किसी आहट से चौंककर हम उठ बैठते हैं. चारों ओर देखते हैं. अंधेरा एक प्राचीन मुखौटे की तरह दिखता है. कोई है जो बार-बार

हमारी नींद तोड़ता है. कोई सपना या कोई यथार्थ. शायद दंतकथाओं से निकला हुआ कोई सम्राट. शायद दुनिया को बार-बार ख़रीदता और बेचता हुआ कोई आदमी जिसे नींद नहीं आती.

1990

सपने की कविता

सपने उन अनिवार्य नतीजों में से हैं जिन पर हमारा कोई नियंत्रण नहीं होता. वे हमारे अर्धजीवन को पूर्णता देने के लिए आते हैं. सपने में ही हमें दिखता है कि हम पहले क्या थे या कि आगे चलकर क्या होंगे. जीवन के एक गोलार्ध में जब हम हाँफते हुए दौड़ लगा रहे होते हैं तो दूसरे गोलार्ध में सपने हमें किसी जगह चुपचाप सुलाये रहते हैं.

सपने में हमें पृथ्वी गोल दिखाई देती है जैसा कि हमने बचपन की किताबों में पढ़ा था. सूरज तेज़ गर्म महसूस होता है और तारे अपने ठंढे प्रकाश में सिहरते रहते हैं. हम देखते हैं चारों ओर ख़ुशी के पेड़. सामने से एक साइकिल गुज़रती है या कहीं से रेडियो की आवाज़ सुनाई देती है. सपने में हमें दिखती हैं अपने जीवन की जड़ें साफ़ पानी में डूबी हुईं. चाँद दिखता है एक छोटे-से अँधेरे कमरे में चमकता हुआ.

सपने में हम देखते हैं कि हम अच्छे आदमी हैं. देखते हैं एक पुराना टूटा-फूटा आईना. देखते हैं हमारी नाक से बहकर आ रहा है ख़ून.

1990

बचपन की कविता

जैसे-जैसे हम बड़े होते हैं लगता है हम बचपन के बहुत क़रीब हैं. हम अपने बचपन का अनुकरण करते हैं. ज़रा देर में तुनकते हैं और ज़रा देर में ख़ुश हो उठते हैं. खिलौनों की दूकान के सामने देर तक खड़े रहते हैं. जहाँ-जहाँ ताले लगे हैं हमारी उत्सुक आँखें जानना चाहती हैं कि वहाँ क्या होगा. सुबह हम आश्चर्य से चारों ओर देखते हैं जैसे पहली बार देख रहे हों.

हम तुरंत अपने बचपन में पहुँचना चाहते हैं. लेकिन वहाँ का कोई नक्शा हमारे पास नहीं है. वह किसी पहेली जैसा बेहद उलझा हुआ रास्ता है. अक्सर धुएँ से भरा हुआ. उसके अंत में एक गुफा है जहाँ एक राक्षस रहता है. कभी-कभी वहाँ घर से भागा हुआ कोई लड़का छिपा होता है. वहाँ सख़्त चट्टानें और कांच के टुकड़े हैं छोटे-छोटे पैरों के आसपास.

घर के लोग हमें बार-बार बुलाते हैं. हम उन्हें चिट्ठियाँ लिखते हैं. आ रहे हैं आ रहे हैं आयेंगे हम जल्दी.

1990

चाँद की कविता

जैसे ही हम चाँद की तरफ़ देखने को होते हैं कहीं पास से एक कुत्ते के भौंकने की आवाज़ सुनाई देती है. हम उसे खोजने लगते हैं जबकि चाँद हमारे ठीक सामने चमक रहा होता है आईने की तरह इतना साफ़ कि हम उसमें अपने चेहरे के गड्ढे और धब्बे भी क़रीब-क़रीब देख सकते हैं. जब हमारे दिमाग़ दर्द कर रहे होते हैं वह हमारे ठीक ऊपर चमक रहा होता है प्रेमियों को घरों से निकालकर अज्ञात जगहों में भटकाता रात को असंख्य झरनों की शक्ल में चारों ओर से बहाता हुआ. शमशेर जैसे कवि ने इस ऐतिहासिक चाँद से कुछ देर बातें भी की हैं.

जो लोग चाँद को सभी पहलुओं से जान चुके हैं उन्हें सबसे पहला एहसास उसकी चमक के ख़त्म होने का हुआ. उन्होंने बारीक़ी से चाँद की मिट्टी की जाँच की और उसे अपने पास सुरक्षित रख लिया. लेकिन चाँद के बारे में अब भी बच्चे कहीं ज़्यादा जानते हैं. जैसे ही कहीं कुत्ते का भौंकना सुनाई देता है वे आसमान की ओर इशारा करके कहते हैं : देखो चाँद चाँद.

1989

निराशा की कविता

बहुत कुछ करते हुए भी जब यह लगे कि हम कुछ नहीं कर पाये तो उसे निराशा कहा जाता है. निराश आदमी को लोग दूर से ही सलाम करते हैं. अपनी निराशा को हम इस तरह बचाये रखते हैं जैसे वही सबसे बड़ी ख़ुशी हो. हमारी आँखों के सामने संसार पर धूल जमती है. चिड़ियाँ फटे हुए काग़ज़ों की तरह उड़ती दिखती हैं. संगीत भी हमें उदार नहीं बना पाता. हमें हमेशा कुछ बेसुरा बजता हुआ सुनाई देता है. रंगों में हमें ख़ून के धब्बे और हत्याओं के बाद के दृश्य दिखते हैं. शब्द हमारे काबू में नहीं होते और प्रेम मनुष्य मात्र के वश के बाहर लगता है.

निराशा में हम कहते हैं निराशा हमें रोटी दो. हमें दो चार क़दम चलने की सामर्थ्य.

1990

आँसुओं की कविता

पुराने ज़माने में आँसुओं की बहुत क़ीमत थी. वे मोतियों के बराबर थे और उन्हें बहता देखकर सबके दिल काँप उठते थे. वे हरेक की आत्मा के मुताबिक़ कम या ज़्यादा पारदर्शी होते थे और रोशनी को सात से ज़्यादा रंगों में बाँट सकते थे.

बाद में आँखों को कष्ट न देने के लिए कुछ लोगों ने मोती ख़रीदे और उन्हें महँगे और स्थायी आँसुओं की तरह पेश करने लगे. इस तरह आँसुओं में विभाजन शुरू हुआ. असली आँसू धीरे-धीरे पृष्ठभूमि में चले गये. दूसरी तरफ़ मोतियों का कारोबार ख़ूब फैल चुका है.

जो लोग अँधेरे में अकेले दीवार से माथा टिकाकर सचमुच रोते हैं उनकी आँखों से बहुत देर बाद बमुश्किल आँसूनुमा एक चीज़ निकलती है और उन्हीं के शरीर में गुम हो जाती है.

1989

हाशिये की कविता

हाशिया वह जगह है जिसे हमेशा ख़ाली छोड़ा जाता है. लोग उसे अनावश्यक समझते हैं और अनदेखा कर देते हैं. छात्रों की कॉपियों में पहले से ही रेखाएँ खिंची रहती हैं ताकि वे वहाँ कुछ न लिखें. हाशिये का कोई केंद्र नहीं होता हालाँकि उसके आसपास कई केंद्रबिंदु होते हैं जो उसे बार-बार अपनी तरफ़ खींचते हैं. जब हाशिया काफ़ी लाचार हो जाता है तो चीख़कर कहता है कि मुझे यहीं छोड़ दो.

एक कवि अपने लिए एक हाशिया खोजता है. वहाँ जितनी हवा और रोशनी है उसे रेखाओं से घेर लेता है. वहाँ कुछ शब्द लिखता है. पशुओं वनस्पतियों या तार पर सूखते कपड़ों की शक्ल में कुछ आकृतियाँ बनाता है. अपने कुछ कर्तव्य दर्ज़ करता है. कुछ निशान छोड़ देता है लाल रंग के.

हाशिया फैला है कवि की उम्र की तरह. जो नहीं है उसके इंतज़ार की तरह. जो नहीं होगा उसकी उम्मीद की तरह. वहाँ साइकिल चलाती बहनों का तेज़ी से बीतता कठिन बचपन है. पिताओं की भारी साँसें और पानी की तरह बहता माँओं का जीवन है. वहाँ स्मृति है छोटी-सी एक बच्ची की तरह बड़ी होती हुई.

अगर हम कभी केंद्रबिंदुओं से कुछ बाहर देखने का कष्ट करें तो हाशिये पर हमें एक कवि दिखेगा कविता को एक काग़ज़ से दूसरे कागज़ पर उतारता हुआ.

1989

कालातीत कवि

कालातीत कवि अपने जीते जी कालातीत हो जाते हैं. एक सुबह वे यह देखकर आश्चर्य में पड़ जाते हैं कि बे काफ़ी बड़े हो गये हैं. कई बार उन्हें अपने से तिगुना-चौगुना होते हुए देखा गया है. उनके पाजामे अकसर छोटे पड़ जाते हैं. अपनी चप्पलें वे छोटे कवियों को दे देते हैं.

कुछ कवि रात में कालातीत होते हैं. लोग जब सिकुड़े-सिमटे गठरी बने नींद में दुबके रहते हैं कवियों का क़द बढ़ता रहता है. कभी वे इतने बड़े हो उठते हैं कि वे भी अपने को देख नहीं पाते. कुछ कवि अपने बचपन में ही बुज़ुर्ग हो गये. युवा होते-होते उन्हें कालजयी कहा जाने लगा. कुछ ने अपने नाम मृतकों की सूची में लिखवा लिये. कुछ दूसरी भाषाओं में पा गये ईनाम.

कुछ कवि अपने बचपन के फ़ोटो छपवाते हैं. बाक़ी अपने बच्चों के फ़ोटो छपवाकर काम चलाते हैं कि हम तो रहे विफल. अब बच्चों से ही है उम्मीद.

1988

नृत्य में खाँसी

पल्लविनीजी मंच पर नाच रही थीं. तभी उसे ख़ाँसी का दौरा पड़ा. सहम गयीं पल्लविनीजी. सबसे आगे बैठे थे मंत्री जी सुविख्यात था जिनका संस्कृति-प्रेम. पर खाँसी खाँसनेवाले के सिवा किसी को नहीं पहचानती.

मंत्री ने सौम्य-शांत दृष्टिपात किया खाँसनेवाले पर. कई बार देखा सर घुमाकर. दायें-बायें बैठे सभासद तमतमाये उठने को हुए. मंत्री ने इशारे से उन्हें रोका. कोई खाँस रहा है बेचारा पर समझ में नहीं आता कि क्यों. वह कोई संस्कृति-विरोधी तो होगा नहीं. खाँसनेवाला भाग निकला बाहर. खुले में खाँसना हर तरह से बेहतर.

खाँसी मनुष्य को नृत्य से दूर करती है. खाँसी मनुष्य को मंत्री से दूर करती है. खाँसी मनुष्य को दूर करती है संस्कृति से.

1988

आईने

आईनों के बारे में अनंत लिखा जाता रहा है लेकिन यह तय है कि आईना ईजाद करनेवाला मानवीय दुर्बलताओं का कोई विद्वान रहा होगा. आईने के सामने आदमी वे हरकतें करता है जो हर हाल में असामान्य कही जायेंगी. वह घूर-घूर कर देखता है नथुने फुलाता है दाँत दिखाता है और भौहें टेढ़ी करके देखता है कि इस तरह वह कितना सुंदर दिखता है. ये चीज़ें बंदरों से हमारा रिश्ता प्रमाणित करती हैं हालाँकि आईने से बंदरों के लगाव के बारे में कोई ठोस सबूत उपलब्ध नहीं हैं.

कुछ लोग अपने चेहरे इस तरह बनाये रहते हैं जैसे वे आईना देख रहे हों. वे किसी चेहरे को नहीं पहचानते. ऐसे लोग समाज में काफ़ी ताक़तवर माने जाते हैं. वे हर चेहरे को आईने की तरह निहारते हैं और अपनी सुंदरता पर धीमे-धीमे मुस्कराते रहते हैं. जबकि सचाई यह है कि वे सिर्फ़ नथुने फुलाते हैं दाँत किटकिटाते हैं भौंहे तानते हैं और घूरते रहते हैं.

1991

दिल्ली : एक

दस लोगों का परिवार मारुति डीलक्स में ठुँसा जा रहा था. दोस्त से गहन चर्चा में लीन चित्रकार सामने से आती बस देखकर सहसा लपक पड़ा. कोने में एक औरत अपने बच्चे को पीट रही थी. एक नौजवान खुलेआम एक युवती से प्रेम करने का स्वांग करता था.

एक आदमी कुहनियों से अगल-बग़ल धक्के मारकर काफ़ी आगे निकल गया. कंप्यूटर के सामने बैठा दिल का मरीज़ सोचता था देश का इलाज कैसे करूँ. आलीशान बाज़ार के पिछवाड़े एक वीर पुरुष रो रहा था जिसे वीरता की बीमारी थी. एक सफल आदमी सफलता के गुप्तरोग का शिकार था. एक प्रसिद्ध अत्याचारी विश्व पुस्तक मेले में हँसता हुआ घूम रहा था.

इस शहर में दिखाई देते हैं विचित्र लोग. मेरे शत्रुओं से मिलते हैं उनके चेहरे. आरामदेह कारों में बैठकर वे जाते हैं इंदिरा गांधी अंतरराष्ट्रीय हवाई अड्डे की ओर.

1988

दिल्ली : दो

सड़कों पर बसों में बैठकघरों में इतनी बड़ी भीड़ में कोई नहीं कहता आज मुझे निराला की कुछ पंक्तियाँ याद आयीं. कोई नहीं कहता मैंने नागार्जुन को पढ़ा है. कोई नहीं कहता किस तरह मरे मुक्तिबोध.

एक कहता है मैंने कर ली है खूब तरक़्क़ी. एक ख़ुश है कि उसे बस में मिल गयी है सीट. एक कहता है यह समाज क्यों नहीं मानता मेरा हुक्म. एक देख चुका है अपना पूरा भविष्य. एक कहता है देखिए किस तरह बनाता हूँ अपना रास्ता.

एक कहता है मैं हूँ ग़रीब. मेरे पास नहीं है कोई और शब्द.

1988

लिखे चला जाता था

आख़िरकार मैंने देखा पत्नी कितनी यातना सहती है. बच्चे बावले-से घूमते हैं. सगे-संबंधी मुझसे बात करना बेकार समझते हैं. पिता ने सोचा अब मैं शायद कभी उन्हें चिट्ठी नहीं लिखूँगा.

मुझे क्या था इस सबका पता
मैं लिखे चला जाता था कविता.

1988

परिभाषा की कविता

परिभाषा का अर्थ है चीज़ों के अनावश्यक विस्तार में न जाकर उन्हें एक या दो पंक्तियों में सीमित कर देना. परिभाषाओं के कारण ही यह संभव हुआ कि हम हाथी जैसे जानवर या ग़रीबी जैसी बड़ी घटना को दिमाग़ के छोटे-छोटे ख़ानों में हूबहू रख सकते हैं. स्कूली बच्चे इसी कारण दुनिया के समुद्रों को पहचानते हैं और रासायनिक यौगिकों के लंबे-लंबे नाम पूछने पर तुरंत बता देते हैं.

परिभाषाओं की एक विशेषता यह है कि वे परिभाषित की जानेवाली चीज़ों से पहले ही बन गयी थीं. अत्याचार से पहले अन्याचार की परिभाषा आयी. भूख से पहले भूख की परिभाषा जन्म ले चुकी थी. कुछ लोगों ने जब भीख देने के बारे में तय किया तो उसके बाद भिखारी प्रकट हुए.

परिभाषाएँ एक विकल्प की तरह हमारे पास रहती हैं और जीवन को आसान बनाती चलती हैं. मसलन मनुष्य या बादल की परिभाषाएँ याद हों तो मनुष्य को देखने की बहुत ज़रूरत नहीं रहती और आसमान की ओर आँख उठाये बिना काम चल जाता है. संकट और पतन की परिभाषाएँ भी इसीलिए बनायी गयीं.

जब हम किसी विपत्ति का वर्णन करते हैं या यह बतलाना चाहते हैं कि चीज़ें किस हाल में हैं तो कहा जाता है कि यह शब्दों का अपव्यय है. एक आदमी छड़ी से मेज़ बजाकर कहता है : बंद करो यह पुराण. बताओ परिभाषा.

1990

बीस साल

बीस साल बाद एक दिन
पता चलता है मैं बीस साल से यहाँ जमा हुआ हूँ
आता-जाता हुआ या कुछ देर रुककर
किसी चमत्कार की प्रतीक्षा करता हुआ
सुबह खिड़की खोलता हूँ किसी उम्मीद में
सामने एक जैसे मकानों की क़तार है
उनमें एक जैसे लोग रहते हैं
एक जैसा जीवन बिताते हुए
कोई जाता है तो उसकी जगह वैसा ही
एक और आदमी रहने आ जाता है
दोस्तों के चेहरे भी नहीं बदले
वे उसी तरह सख़्त हैं उनकी संवेदनाएं वैसी ही अस्तव्यस्त
कोई हँसता है तो वही पुरानी हँसी

मेरे भीतर ऐसी भावनाओं का एक भंडार है
जिन्हें समझ पाना कठिन है
जिन्हें प्रकट करने पर शायद एक जंगल की आवाज़ सुनाई दे
यह मालूम करना भी मुश्किल है कि इस संसार में

क्या-क्या काम मैं कर सकता हूँ
बच्चे बड़े हो रहे हैं मेरे सामने
और अपने आप
उनका अपना उल्लास है अपनी ऊँचाई
वे भी मेरे बारे में ज़्यादा नहीं जानते
वे सिर्फ़ देखते हैं कि मैं नाराज़ हूँ
और काँप रहा हूँ और मेरा चेहरा बिगड़ गया है
और आँखें निस्तेज हैं
जिनसे कभी प्रेम बरसता था

मैं कहना चाहता हूँ
यह सब कितनी बड़ी मूर्खता है और मैं इसमें
बीस साल से क़ैद हूँ
झल्लाया हुआ खिड़की के बाहर निगाह डालता हूँ
एक युवक एक युवती कोई बीस साल के
हँसते हुए दूर तक दौड़ते जाते हैं
उन्हें देखता हो जाता हूँ चुप.

1990

एक रात

बहुत देर हो गयी थी
घर जाने का कोई रास्ता नहीं बचा
तब एक दोस्त आया
मेरे साथ मुझे छोड़ने

अथाह रात थी
जिसकी कई परतें हमने पार कीं
हम एक बाढ़ में डूबने
एक आँधी में उड़ने से बचे
हमने एक बहुत पुरानी चीख़ सुनी
बंदूक़ें देखीं जो हमेशा
तैयार रहती हैं
किसी ने हमें जगह-जगह रोका
चेतावनी देते हुए
हमने देखे आधे पागल और भिखारी
तारों की ओर टकटकी बाँधे हुए

मैंने कहा दोस्त मुझे थामो

बचाओ गिरने से
तेज़ी से ले चलो
लोहे और ख़ून की नदी के पार

सुबह मैं उठा
मैंने सुनी दोस्त की आवाज़
और ली एक गहरी साँस.

1989

कविता की तरफ़

जगह-जगह बिखरी थीं घर की परेशानियाँ
साफ़ दिखती थीं दीवारें
एक चीज़ से छूटती थी किसी दूसरी चीज़ की गंध
कई कोने थे जहाँ कभी कोई नहीं गया था
जब-तब हाथ से गिर जाता
कोई गिलास या चम्मच
घर के लोग देखते थे कविता की तरफ़ बहुत उम्मीद से
कविता रोटी और ठंढे पानी की एक घूँट के एवज़
प्रेम और नींद के एवज़ कविता

मैं मुस्कराता था
कहता था कितना अच्छा घर
हकलाते थे शब्द
बिंब दिमाग़ में तितलियों की तरह मँडराते थे
वे सुनते थे एकटक
किस तरह मैं छिपा रहा था
कविता की परेशानियाँ

1993

चेहरा

माँ मुझे पहचान नहीं पायी
जब मैं घर लौटा
सर से पैर तक धूल से सना हुआ

माँ ने धूल पोंछी
उसके नीचे कीचड़
जो सूखकर सख़्त हो गया था साफ़ किया

फिर उतारे लबादे और मुखौटे
जो मैं पहने हुए था पता नहीं कब से
उसने एक और परत निकालकर फेंकी
जो मेरे चेहरे से मिलती थी

तब दिखा उसे मेरा चेहरा
वह सन्न रह गयी
वहाँ सिर्फ़ एक ख़ालीपन था
या एक घाव
आड़ी-तिरछी रेखाओं से ढँका हुआ.

1989

उम्मीद

आँख का इलाज कराने जाते
पिता से दस क़दम आगे चलता हूँ मैं

आँख की रोशनी लौटने की उम्मीद में
पिता की आँखें चमकती हैं उम्मीद से

उस चमक में मैं उन्हें दिखता हूँ
दस क़दम आगे चलता हुआ.

1989

खोयी हुई चीज़

कुछ समय पहले हमारे पास एक सुंदर चीज़ थी. कोमल और पारदर्शी. उसी के कारण हमारे भीतर एक अवर्णनीय मिठास रहती थी. हमें अपना शरीर हवा के कई झोंकों से बना हुआ लगता था. कहीं पानी बहने की आवाज़ आती तो वह हमारे भीतर से आती सुनाई देती थी. किसी को छूने पर पहली बार छूने जैसा धीमा कंपन महसूस होता.

एक दिन वह हमसे कहीं खो गयी. कहना कठिन है कि यह कैसे हुआ. इसका पता तब चला जब हमारे शरीर भारी और सख़्त हो गये और स्पर्श की जगह सिर्फ़ एक चिपचिपाहट बची रही. अक्सर लगता है कि वह चीज़ यहीं कहीं है हालाँकि उसकी खोज में हम काफ़ी ख़ाक छान चुके हैं और अक्सर झल्लाते रहते हैं. खोयी हुई चीज़ों का अपना एक जीवन है जो मिठास से भरा हुआ है और वे आपस में इतना घुल-मिल कर रहती हैं कि यह पहचानना लगभग असंभव है कि वह चीज़ कहाँ है.

1992

पिता की स्मृति में

दवाओं की शीशियाँ ख़ाली पड़ी हैं लिफ़ाफ़े फटे हुए हैं चिट्ठियाँ पढ़ी जा चुकी हैं अब तुम दहलीज़ पर बैठे इंतज़ार नहीं करते बिस्तर में सिकुड़े नहीं पड़े रहते सुबह उठकर दरवाज़े नहीं खोलते तुम हवा पानी और धूल के अदृश्य दरवाज़ों को खोलते हुए किसी पहाड़ नदी और तारों की ओर चले गये हो ख़ुद एक पहाड़ एक नदी एक तारा बनने के लिए.

तुम कितनी आसानी से शब्दों के भीतर आ जाते थे. दुबली सूखती तुम्हारी काया में दर्द का अंत नहीं था और उम्मीद अंत तक बची हुई थी. धीरे-धीरे टूटती दीवारों के बीच तुम पत्थरों की अमरता खोज लेते थे. ख़ाली डिब्बों फटी हुई किताबों और घुन-लगी चीज़ों में जो जीवन बचा हुआ था उस पर तुम्हें विश्वास था. जब मैं लौटता तुम उनमें अपना दुख छिपा लेते थे. सारी लड़ाई तुम लड़ते थे जीतता सिर्फ़ मैं था.

1992

शेष जीवन

पुराने बक्से के ऊपर कई बक्से हैं
वे गिरते नहीं
खिड़की के सामने मेज़ पर
फ़्यूज़ हुए बल्ब रखे हैं
कैलेंडरों में छपे सुंदर बच्चों और
जीर्णशीर्ण देवताओं की तस्वीरें वैसे ही चिपकी हैं
उनके पीछे दीवारों की पपड़ियाँ
गिरती रहती हैं
काँच से मढ़ी तस्वीरें उनकी कहानी कहती हैं
जो कभी-कभी लौटते हैं
या नहीं लौटते

कीलों पर टँगे कपड़े
अपना शेष जीवन जीते हैं
दरवाज़ा खोलकर भीतर आने पर
सन्नाटा एक कमरे से दूसरे कमरे में जाता है.

1992

सभ्यता

हम जानते हैं कि एक आदमी अब भी किसी अदृश्य खोह में अपने तीर-कमान के साथ लड़ाई का अभ्यास कर रहा है. जब कभी भूल से वह नंग-धड़ंग दिख जाता है तो हमारे तैयार कैमरे उसके फ़ोटो ले लेते हैं. कहते हैं हमारे घरों में पहले यही आदमी अपने विशाल कुनबे के साथ रहता था. वे मुखौटों की पूजा करते थे और समुद्र और चिड़ियों से बात करना उनका प्रमुख व्यवसाय था. हमने उनके मुखौटों की जगह अपने मुखौटे रखे और उनके तीर-कमानों को मौजूदा समय के लिए बेकार मानकर अपने पास जमा कर दिया. उनकी चिड़ियाँ हमारे पैरों पर गिर पड़ीं.

वे लोग कहाँ चले गये इस बारे में विद्वानों के अलग-अलग मत हैं. शायद वे समुद्र में डूबे या चिड़ियों की मौत ने या हमारे मुखौटों ने ही उन्हें मार डाला. बहरहाल कुछ का कहना है कि इस सिलसिले में एक भीषण युद्ध हुआ और जब उस कुनबे का एक ही आदमी बचा रह गया तो हमने मुखौटा और तीर-कमान लौटा दिये और उसे दूर किसी गुफा में भेज दिया. सभ्यता यही कहती थी कि एक आदमी ज़रूर बचा रहे तस्वीरों में नहीं बल्कि नंगा जीता-जागता कभी-कभी दिखता हुआ.

1991

तस्वीर

बहुत पहले सिर्फ़ आसमान था जो कई रंगों में बदलता रहता था. उसके नीचे बादल दौड़ते थे. फिर घास उगी और किसी चिड़िया के बोलने की आवाज़ आयी. कहीं से धीमी बाँसुरी सुनाई दी. रात में पहली बार तारे प्रकट हुए और बहुत पास आ गये ताकि हम उन्हें छू सकें. कभी-कभी वे हमसे खेलते और हमारी आँखों में प्रवेश करके चमकने लगते. उस समय पेड़ों के नाम नहीं थे और पत्थर अभी-अभी जन्मे बच्चों की तरह सोये रहते थे. रात को कुछ रोशनियाँ जलतीं जिनके बारे में विश्वास था कि वे आनेवाले संकटों को भगा देती हैं.

अब यह सब हमारी स्मृति में है : छाते की तरह तना आसमान दूर टँके तारे अपनी जगह स्थिर पेड़ और चिड़ियाँ जो उड़ती नहीं हैं और पत्थर जिनका बचपन ख़त्म हो चुका है. एक फ़्रेम में जड़ी यह हमारी प्रिय तस्वीर है. रात में चमकती रोशनियों के बारे में हम कहते हैं वे हमारे गाँव की आँखें हैं.

1991

सात पंक्तियाँ

मुश्किल से हाथ लगी एक सरल पंक्ति
एक दूसरी बेडौल-सी पंक्ति में समा गयी
उसने तीसरी जर्जर क़िस्म की पंक्ति को धक्का दिया
इस तरह जटिल-सी लड़खड़ाती चौथी पंक्ति बनी
जो ख़ाली झूलती हुई पाँचवीं पंक्ति से उलझी
जिसने छटपटाकर छठी पंक्ति को खोजा जो आधा ही लिखी गयी थी
अंततः सातवीं पंक्ति में गिर पड़ा यह सारा मलबा.

1992

अपना अंधकार

जब रोशनी हुई
परछाईं दिखी
अपने से बड़ा दिखा
अपना अंधकार.

1991

पैसे

मैंने कहा जाओ
मेरी जेब के बचे-खुचे पैसो
बाहर निकलो
कोई रास्ता खोजो जाने का
पसीने के छेदों से
या मेरी आत्मा में से ही बाहर निकलो
तुम्हें मैंने काफ़ी मेहनत से कमाया था
जाओ ख़र्च हो जाओ
मेरी मेहनत भी इसी तरह
होती रही है ख़र्च.

1991

एक देह

त्वचा आवाज़ों को सुनती है
ख़ामोशी की अपनी एक देह है
पैरों में भी निवास करती हैं संवेदनाएँ
पीठ की अपनी ही एक कहानी है
अभी-अभी दबी हथेली का
धीरे-धीरे उभरना
कुछ कहता है देर तक.

1990

हारमोनियम

पानी बहने और तारे चमकने की तरह
एक कठिन संगीतहीन संसार में
वह भी बजा कुछ देर
वह कमरे के बीचोंबीच रखा था
उजाले में
उसके कारण जानी गयी यह जगह
लोग आते और उसके चारों ओर बैठते

अब वह पड़ा है बाक़ी सामान के बीच
पीतल लोहे और लकड़ी के साथ
उसे बजाने पर अब राग दुर्गा या पहाड़ी के स्वर नहीं आते
सिर्फ़ एक उसाँस सुनाई देती है
कभी-कभी वह छिप जाता है एक पुश्तैनी बक्से में
मिज़ाजपुर्सी के लिए आये लोगों से
बचने की कोशिश करता हुआ.

1993

पहाड़ हैं

वे नींद के पहाड़ हैं
फैले हुए निमग्न
पहाड़ों पर
आती है नींद.

1988

जब जीवन ठीक चल रहा होगा

जब जीवन ठीक चल रहा होगा
एक दिन मैं रोमांच से भर उठूँगा
ज़रा-सी छाँह पाते ही ख़ुश हो जाऊँगा
धूप में नंगे पैर निकल पड़ूँगा
बारिश में कहीं अपना छाता भूल आऊँगा
सर्दियों में नहीं जलाऊँगा आग

एक दिन मैं अपने पर आश्चर्य करूँगा
फिर से पुरानी चिट्ठियाँ खोलकर बैठ जाऊँगा
एक घर के दरवाज़े पर देर तक रुका रहूँगा
विकल होकर किसी की प्रतीक्षा करने लगूँगा
अपनी ही किसी बात पर मुझे रोना आयेगा

त्वचा के नीचे जब नीचताएँ कुलबुलायेंगी
मुझे स्वार्थ की कमी महसूस होगी
दिन में ही सपने देखने लगूँगा
खड़े-खड़े सारा दिन गुज़ार दूँगा
अपना चेहरा बहुत दिन बाद दिखाऊँगा

लोगों को साफ़-चमकीले कपड़ों के
भीतर बैठी एक परेशानी नज़र आयेगी
असाधारण अनुभव मेरे लिए सुगम साधारण हो उठेंगे

जब जीवन ठीक चल रहा होगा
मैं कुर्सी पर बैठने से इनकार कर दूँगा
किसी जंगल में जाकर कहूँगा लो सुनो मेरी आपबीती
मैं लोगों बातों और चीज़ों का भंडार हो जाऊँगा
मुझे चीख़ना नहीं पड़ेगा क्रोध नहीं आयेगा
थकूँगा नहीं मिन्नतें नहीं करूँगा
मुझे अपना भविष्य साफ़ नहीं दिखेगा
मैं नहीं कहूँगा बस बहुत हो गया बहुत.

1988

प्रक्रिया

1.
हल्का-सा अँधेरा
थोड़ी-सी ओट
कोई देख नहीं रहा होता है
और फिर एक फिसलन
या एक छोटा-सा गड्ढा
जिस में हम गिरते हैं
और उठकर चल देते हैं
जैसे कुछ हुआ ही न हो

इतिहास की इस प्रक्रिया के
नतीजे में
हम खिलखिलाते रहते हैं
खूब खाते हैं
गहरी नींद सोते हैं
बचे रहते हैं.

2.
कब के मर चुके लोग

फूलमालाएँ पहने दिखते हैं
विजय के इस जुलूस में
मृतकों की एक भीड़
जयकार करती लपकती है
किताबों में दफ़्न कोई राजपुरुष
दिखता है
मरी हुई सेनाओं को
एक अज्ञात युद्धस्थल की ओर
कूच करने का आदेश देता हुआ.

1993

छूट गया है

भारी मन से चले गये हम
तजकर पुरखों का घरबार
पीछे मिट्टी धसक रही है
गिरती पत्थर की बौछार
थोड़ा मुड़कर देखो भाई
कैसे बंद हो रहे द्वार
उनके भीतर छूट गया है
एक-एक कोठार.

1992

आयोवा

हे-र्‌योन हाम के लिए

1.
इस शहर का नाम
एक नदी का नाम है
शहर का सन्नाटा नदी की आवाज़ है
दिन में शहर के चौराहे पुल और पार्क
चुपचाप पानी में उतरते हैं
किताबें कपड़े गृहस्थी का सामान और
हैमबरगर बेचती दूकानें
पानी में स्थिर पड़ी रहती हैं
खिलौनों की एक दूकान
कुछ देर नदी के तल में सो जाती है

शाम को जब रोशनियां जलती हैं
शहर नदी से बाहर आता है
एक ख़ाली जगह दिखती है
पानी में उगा हुआ एक पेड़
उसके नीचे एक अकेली बेंच
जिस पर पत्ते बैठते हैं कुछ देर.

2.

रास्ता लंबा है   चलना आसान नहीं
रात ख़त्म नहीं होती   बारिश थमती नहीं
शोर होता रहता है   सन्नाटा टूटता नहीं
रोशनियाँ जली रहती हैं   अँधेरा भागता नहीं
रोना आता रहता है   हँसी रुकती नहीं
बर्फ़ गिरती जाती है   आग बुझती नहीं.

3.

एक पत्ता पेड़ पर ज़रा-सा अटका रहता है
बादल आसमान में ज़रा-सा अटका रहता है
धुंध चेहरों पर ज़रा-सी अटकी रहती है
नींद रात के किसी कोने में ज़रा-सी अटकी रहती है
भाषा में ज़रा-सी अटकी रहती है कविता.

1991

अमेरिका में कविता

1.
वे नौजवान नर और मादा शरीर
जो चेहरे पर असमय आती झुर्रियों से परेशान हैं
एक विशाल शतरंज पर तैनात
एक दूसरे को मात देने का खेल खेलते हैं
बच्चों के बारे में एक झगड़ा है
कि उन्हें आख़िर कौन चाहता है

जो बूढ़े हो चुके जा चुके
जिनके घर बिक चुके उनके घर ख़रीदे जा चुके
वे अपने दुख बतलाते हुए नहीं दिखते
जो दिखते नहीं वे कहीं रहते नहीं.

2.
अमेरिका में रोना मना है
उदास होना मना है
एक बहुत बड़ी आँख सबको देख रही है
पीछे मुड़कर जीवन को देखना मना है

वह क़िस्सा किसे नहीं मालूम
कि आलीशान दूकान में सामान बेचती
एक दुबली-सी लड़की
जो कुछ सोचती हुई-सी बैठी थी
एक दिन एक ग्राहक के सामने मुस्कराना भूल गयी
शाम को उसे नौकरी से अलग कर दिया गया
यह बात जब उसका पति उससे अलग हुआ
उसके एक दिन बाद की है

अमेरिका में आगे देखिए बढ़िए दौड़िए
अमेरिका में ज़्यादा मत सोचिए
अमेरिका में मुस्कराना याद रखिए
अमेरिका में अपना ख़याल रखना मत भूलिए.

3.

टीवी देख-देख कर आजिज़ आइए
मौसम से भी बुरी हैं ख़बरें मौसम की
सुन-सुन करके आजिज़ आइए
जहाँ कहीं हैं बटन दबाकर ऊबिए
बटन दबाकर मिलता जो कुछ
उसको पाकर ऊबिए
हैमबरगरों से ऊब जाइए
प्राणहीन मुस्कानों से ऊबिए
बिना प्यार के चुंबन लेकर ऊबिए
ऊब मिटाने की ख़ातिर फिर से चुंबन लीजिए.

1991

प्रायोजित व्यापार

पंजाब पर एक टेलीफ़िल्म देखकर : रघुवीरसहाय की स्मृति को समर्पित

फ़िल्मकार ने पूछा याद करो वह दृश्य
कि जब दुश्मन ने घर में नरसंहार किया
दुख का भार उठाते बच्चे ने बतलाया कैसे
अत्याचारी ने हँसते-हँसते वार किया

जीवन का भीषण अंत किस तरह हुआ
यह सुबक-सुबककर उसने उगला
उसकी निश्छल आँखों ने देखा था यह सब
लोग सभी कहते हैं उसको पगला

फिर वह नन्हा बिलख उठा ज़ोरों से
जैसा अक्सर बंबइया फ़िल्मों में होता है
उस घनघोर विलाप में फ़िल्मकार को
लगा कि यह बालक कितना अद्भुत रोता है

पर जो हम सबका दुश्मन था वह कहाँ गया
जितने इतनी हिंसा की और दहशत फैलायी
हम मूरख सोच रहे थे शायद अन्यायी का

कोई चेहरा देगा हमें दिखायी

भय औ' दुख का यह प्रायोजित व्यापार
फ़िल्मकार जी तुम क्यों हमको दिखलाते हो
हिंसा-हत्या के विरोध में गर हो तुम
कोई सही विचार क्यों नहीं सुझाते हो.

1991

तीन घटनाएँ

1.
आप हमारा क्या बिगाड़ सकते हैं उन्होंने पूछा
'कुछ नहीं'
उन्होंने कहा : तब आपसे बात करने से क्या फ़ायदा !

2.
झूठ बोलने के क्या-क्या फ़ायदे हैं उन्होंने पूछा
'कुछ नहीं'
उन्होंने कहा : तब झूठ बोलकर क्या फ़ायदा !

3.
उन्होंने इसे तोड़ दिया
उन्होंने उसे तोड़ दिया
उन्होंने सब कुछ तोड़ दिया
और कहा : अब सब टूट चुका है
'आगे क्या होगा ?'
उन्होंने कहा : कुछ नया हो तो बताइए !

1992

दस या ग्यारह लोग

पहले का आप जानते हैं असमय निधन हो गया
तब से उसकी याद कम ही आती है
उसकी कविताएँ भी बस किताबों में पड़ी हैं
दूसरा गृहस्थी की गाड़ी सर पर लादे हुए है
तीसरे ने जब लिखना क़रीब-क़रीब बंद किया
तो चौथे को उम्मीद थी कि आगे बढ़ेगा
पर वह इधर कहीं दिखाई नहीं देता
पाँचवें के बाल सफ़ेद हो चले हैं
और आदतें अपने पिता से मिलने लगी हैं
छठा अपनी निराशा को
राख में चिनगारी की तरह छिपाये मुस्कराता है
इनमें सातवीं एक स्त्री थी जो विवाह करके चली गयी
उसकी चिट्ठियों से पता चलता है कि खुश है

बाक़ी तीन या चार अब भी हड़बड़ी में दिखते हैं
किराये के कमरों की छोटी-छोटी खिड़कियों से झाँकते हैं
वे एक अदृश्य मुक़दमे के गवाह हैं
वे देखते हैं कौन है जो इतिहास की धूल के

पर्दे गिराकर हत्याकांड करता है
कौन है जो उजाले में अँधेरा मिलाता है
एक विरोध पत्र लिखते हुए
वे जिस चीज़ का भी वर्णन करते हैं
वह उनकी अपनी ही हालत का वर्णन होता है.

1992

अत्याचारी के प्रमाण

अत्याचारी के निर्दोष होने के कई प्रमाण हैं

उसके नाखुन या दाँत लंबे नहीं है
आँखें लाल नहीं रहतीं
बल्कि वह मुस्कराता रहता है
अक्सर अपने घर आमंत्रित करता है
और हमारी ओर अपना कोमल हाथ बढ़ाता है
उसे घोर आश्चर्य है कि लोग उससे डरते हैं

अत्याचारी के घर पुरानी तलवारें और बंदूक़ें
सिर्फ़ सजावट के लिए रखी हुई हैं
उसका तहख़ाना एक प्यारी-सी जगह है
जहाँ श्रेष्ठ कलाकृतियों के आसपास तैरते
उम्दा संगीत के बीच
जो सुरक्षा महसूस होती है वह बाहर कहीं नहीं है

अत्याचारी इन दिनों ख़ूब लोकप्रिय है
कई मरे हुए लोग भी उसके घर आते-जाते हैं.

1992

ऐसा समय

जिन्हें दिखता नहीं
उन्हें कोई रास्ता नहीं सूझता
जो लँगड़े हैं वे कहीं नहीं पहुँच पाते
जो बहरे हैं वे जीवन की आहट नहीं सुन पाते
बेघर कोई घर नहीं बनाते
जो पागल हैं वे जान नहीं पाते
कि उन्हें क्या चाहिए

यह ऐसा समय है
जब कोई हो जा सकता है अंधा लँगड़ा
बहरा बेघर पागल.

1992

मैं चाहता हूँ

मैं चाहता हूँ कि स्पर्श बचा रहे
वह नहीं जो कंधे छीलता हुआ
आततायी की तरह गुज़रता है
बल्कि वह जो एक अनजानी यात्रा के बाद
धरती के किसी छोर पर पहुँचने जैसा होता है

मैं चाहता हूँ स्वाद बचा रहे
मिठास और कड़वाहट से दूर
जो चीज़ों को खाता नहीं है
बल्कि उन्हें बचाये रखने की कोशिश का
एक नाम है

एक सरल वाक्य बचाना मेरा उद्देश्य है
मसलन यह कि हम इंसान हैं
मैं चाहता हूँ इस वाक्य की सचाई बची रहे
सड़क पर जो नारा सुनाई दे रहा है
वह बचा रहे अपने अर्थ के साथ
मै चाहता हूँ निराशा बची रहे

जो फिर से एक उम्मीद
पैदा करती है अपने लिए
शब्द बचे रहें
जो चिड़ियों की तरह कभी पकड़ में नहीं आते
प्रेम में बचकानापन बचा रहे
कवियों में बची रहे थोड़ी लज्जा.

1993

पुनर्रचनाएँ

ये कविताएँ पहाड़ के दूर-दराज़ क्षेत्रों के ऐसे लोकगीतों से प्रेरित हैं जिन्हें लोककविताएँ कहना ज्यादा सही होगा पर ये उनके अनुवाद नहीं हैं.

1.

तुम्हें कहीं खोजना असंभव था
तुम्हारा कहीं मिलना असंभव था
तुम दरअसल कहीं नहीं थीं
न घर के अँधेरे में
न किसी रास्ते पर जाती हुई

तुम न गीत में थीं
न उस आवाज़ में जो उसे गाती है
न उन आँखों में
जो सिर्फ़ किन्हीं दूसरी आँखों का प्रतिबिंब हैं
तुम उन देहों में नहीं थीं
जो कपड़ों से लदी होती हैं
और निर्वस्त्र होकर डरावनी दिखती हैं
तुम उस बारिश में भी नहीं थीं
जो खिड़की के बाहर दिखाई देती है

निरंतर गिरती हुई.

2.

मैंने देखे दो या तीन रंग
मैंने देखी हल्की-सी रोशनी
जो लगातार
पैदा होती थी
मैंने देखी एक आत्मा
जो काँपती साँस लेती थी
मैंने देखा तुम आती थीं
मेरे ही स्पर्शों में से निकलकर

इस तरह मैंने तुम्हारी कल्पना की
ताकि दुख से उबरने के लिए
प्रार्थनाएँ न करनी पड़ें
मैंने तुम्हारी कल्पना की
ताकि नींद के लिए
अँधेरे की कामना न करनी पड़े

मैंने तुम्हारी कल्पना की
ताकि तुम्हें देखने के लिए
फिर से कल्पना न करनी पड़े.

3.

रात में खुलता है पहाड़ का दरवाज़ा
रात में खुलती है पहाड़ की खिड़की
वहाँ से प्रवेश करता है प्रेम
दिखते हैं कुछ और दरवाज़े
दरवाज़ों के आगे
दिखती हैं कुछ और खिड़कियाँ
खिड़कियों के आगे.

4.

तुम्हारे लिए आता हूँ मैं इस रास्ते
मेरे रास्ते में हैं तुम्हारे खेत
मेरे खेत में उगी है तुम्हारी हरियाली
मेरी हरियाली पर उगे हैं तुम्हारे फूल
मेरे फूलों पर मँडराती हैं तुम्हारी आँखें
मेरी आँखों में ठहरी हुई तुम.

5.

तुम्हारे चेहरे पर
एक पेड़ की छाया है
तुम्हारे चेहरे पर

एक पहाड़ की छाया है
तुम्हारे चेहरे पर
एक चंद्रमा की छाया है
तुम्हारे चेहरे पर
छाया है एक आसमान की.

6.

प्रेम होगा तो हम कहेंगे कुछ मत कहो
प्रेम होगा तो हम कुछ नहीं कहेंगे
प्रेम होगा तो चुप होंगे हम
प्रेम होगा तो हम शब्दों को छोड़ आयेंगे
रास्ते में पेड़ के नीचे
नदी में बहा देंगे
पहाड़ पर रख आयेंगे.

7.

पत्थरों के भीतर
छोड़ दो हमारे सिहरते शरीर
आत्मा अपने आप जन्म लेगी
जैसे वह आग
जिसे हमने पैदा किया था
जब वहाँ दो पत्थर थे.

8.

आँधी में लगातार आते हैं
तिनके
धीरे-धीरे एक घोंसला बनता है

तुम्हारी देह में उड़ती दो चिड़ियाँ
सो जाती हैं चुपचाप.

9.

चुंबन एक दिन
तुम्हारे सामने काग़ज़ पर
एक कविता बनेंगे

कविता एक दिन
चुंबन बन जायेगी
काग़ज़ से उठकर.

10.

कोहरे क्या तुम कुछ छँटोगे
ताकि मुझे दिख सके
तुमसे ढँका हुआ मेरा पहाड़

पहाड़ क्या तुम कुछ झुकोगे
ताकि मुझे दिख सके
तुम्हारी ओट में छिपा हुआ मेरा प्रेम.

11.

रात रात रात
किसी किनारे से नदी के
बहने की आवाज़ आती है
अकेला मैं उठता हूँ
एक गिलास पानी पीकर सो जाता हूँ.

12.

मैं सोचता रहा
और दूर चला आया
मैं दूर चला आया
और सोचता रहा

तुम सोचती रहीं और दूर चली गयीं
तुम दूर चली गयीं
और सोचती रहीं

इस तरह हमने दूरियाँ तय कीं.

13.

जब बर्फ़ गिरेगी और सन्नाटा होगा
हम कहेंगे यह प्रेम है

जब बर्फ़ पिघलना शुरू होगी
जंगल में
हम कहेंगे इतनी ही थी इसकी उम्र.

14.

चार बार हमें भूख लगेगी
पाँचवीं बार
हम कुछ खा लेंगे

चार बार प्यास लगेगी
पाँचवीं बार
हम पानी पी लेंगे

चार बार हम जागते रहेंगे
पाँचवीं बार
आ जायेगी नींद.

15.

आधा पहाड़ दौड़ाता है
आधा दौड़ाता है हमारा बोझ
आधा प्रेम दौड़ाता है
आधा दौड़ाता है सपना

दौड़ते हैं हम.

16.

बाहर एक बाँसुरी सुनाई देती है
एक और बाँसुरी है
जो तुम्हारे भीतर बजती है
और सुनाई नहीं देती

एक दिन वह चुप हो जाती है
तब सुनाई देता है उसका विलाप
उसके छेदों से गिरती है राख.

1990

•••